स्मार्ट फ़िज़िक्सिया

लेखक - गजेंद्र शंखवार (अंजान निशा)

First Published in April 2023

ISBN: 978-93-5741-193-6

BLUEROSE PUBLISHERS

www.BlueRoseONE.com
info@bluerosepublishers.com
+91 8882 898 898

Cover Design:
Muskan Sachdeva

Typographic Design:
Pooja Sharma

Distributed by: BlueRose, Amazon, Flipkart

पावती

मैं अपने माता-पिता (श्रीमती मनोरमा शंखवार और श्री रामनाथ शंखवार को समर्पित)को उनके द्वारा दिए गए जीवन और अनमोल बचपन की विभिन्न यादों को बहुत खूबसूरत बनाने एवं देने के लिए धन्यवाद देना चाहता हूं। जो मुझे प्रकृति के सानिध्य में जाने का सुअवसर प्रदान किया। मैं अपने माता-पिता को बचपन के लिए और उन अनमोल यादों के लिए भी धन्यवाद देता हूं। जिस कारण जिज्ञासाओं और प्रश्नों के पहाड़ खड़े होते चले गए और उन्हें मैंने स्वयं में ज्ञान विकसित कर प्रकृति के अनमोल रहस्य भरे प्रश्नों के उत्तर खोज निकाले।

अंत में अपने भाइयों, मित्रों, पड़ोसियों और रिश्तेदारों को धन्यवाद देना चाहता हूं। जो मेरे बचपन में एक सेतु की भांति कार्य करते रहे हैं। प्रत्यक्ष रूप से वे सहभागी रहे हैं

लेखक परिचय

गजेन्द्र शंखवार (अंजान-निशा)

जन्म: 1975, ग्वालियर, म.प्र.

शिक्षा: बी.ई. (इलेक्ट्रिकल)

कार्य:

प्रारम्भ मे मालनपुर फैक्ट्री में प्रोडक्शन इंजीनियर तत्पश्चात 4 साल बाद गुना पॉलीटेक्निक कालेज, जीवाजी वि. वि. के आई. ई.जे.यू. बथेष्ठ इंजीनियरिंग कालेज इत्यादि में असिस्टेंट प्रोफेसर तथा प्राइवेट रूप से गणित एवं भौतिकी की कक्षाये लेते रहे है। शोकिया तौर पर चित्रकार, मूर्तिकार एवं लेखक है। सन 1990,91, 92 में आकाशवाणी, ग्वालियर एवं विभिन्न स्थानों पर काव्य पाठ कर चुके है।

पुस्तक:

वर्तमान मे गणित, भौतिकी, चित्रकला, काव्य, साहित्य एवं खोजी प्रवृति के परिणाम स्वरूप पुस्तक स्मार्ट फिजिक्सिया की रचना की है। यह प्रकृति के रहस्यों को और वास्तविक सत्य को दर्शाती है। यह विभिन्न चेप्टरों में लिखि गई है। लेखक 1988 में कविता के प्रथम पुरस्कार से सम्मानित हो चुके हैं।

पुस्तक शैली : प्रमुख सोच शैली

भाषा : हिंदी

प्रस्तावना

आपके हाथों में मेरी पुस्तक स्मार्ट फिजिक्सिया देखकर मैं अपार खुशी महसूस कर रहा हूँ। इस रचना का प्रमुख उद्देश्य यह है, कि जीवन का परम सत्य और वास्तविक ज्ञान क्या है, उसे जीवन रहते समझना और उसी के अनुरूप जीवन व्यतीत करना है। और **प्रकृति के सत्य को पहचानना हैं।**

रातें जो तुम मेरे साथ गुजारती हो। इन रातों को लोग कई नामों से जानते हैं जैसे- (रात, रात्रि, रैन, रजनी, निशा, यामिनी, तमी, निशि, यामा)। इन रातों को जहां में रातों से बातें करता हूँ। और कुछ नया लिखता हूं। तो क्यों ना इन रातों को मैं अपना साथी बना लू। और इन रातों का नाम निशा रख दूं। आज की निशा मैं सृजन कर रहा हूं अपनी खोज की डायरी से।

चेप्टर - 0: प्रकृति, मैं और शून्य

इसमें शून्य से आना शून्य में जाना और शून्यता में समा जाना को दर्शाया गया है यहां पूर्ण अंधकार वाले प्रश्न शून्य की स्थिति को दर्शाते हैं।

चेप्टर-1: प्रकृति, मैं और अनमोल बचपन

इसमें एक अबोध बालक ; लगभग 15 वर्ष को काल्पनिक कल्पना का बोध होता है। बालक या बच्चे वास्तव में उस बचपन की उम्र में अज्ञान, नादान और जिज्ञासु प्रवृत्ति के होते हैं। उनके अंतर्मन में विभिन्न प्रकार के विभिन्न विषयों से संबंधित अनगिनत प्रश्न घूमते हैं। वह उसी वर्तमान अवस्था में संपूर्ण जगत को समझना चाहता है। और कहां? क्या? कौन? कैसे? कब ? इत्यादि प्रश्नों के बीच अंजान सा बना रहता है। किंतु उसकी जिज्ञासा शांत किसी के द्वारा नहीं होती है। तब वह स्वतः स्वयं को समय पर छोड़ देता है। और प्रश्नों की खोज करता रहता है।

चेप्टर-2: प्रकृति, मैं और प्रेमपथ

इसमें अबोध बालक जवानी में कदम रखता है। और उसकी जिज्ञासा और प्रश्नों की संख्या भी बढ़ती जाती है। वह प्रकृति के प्रश्नों के जवाब स्वयं प्रकृति से पूछने लगता है। स्वतः खोजने लगता है। इस बीच प्रेम में पड़कर उसके प्रश्नों को नए आयाम मिलने लगते हैं। 10-12 वर्ष के कठिन प्रेम परीक्षा से गुजरते हुए आगे बढ़ता है। और आगे 13-14 वर्ष पश्चात उसे उसके प्रश्नों के उत्तर धीरे-धीरे मिलने लगते हैं। वह स्वतः स्वयं में प्रकृति को अंतर्मन में हलचल होते हुए महसूस करता है। 40 वे दिन उसे एक ज्योति की चमक स्वयं के भीतर जलते हुए दिखाई देती है। और स्वयं के चारों ओर ऊष्मीय ऊर्जा का उजाला दिखाई देता है। इस बीच उसे ज्ञान की विभिन्न अवस्थाएं , सृष्टि की विभिन्न अवस्थाएं, परम सत्य, ब्रह्म ज्ञान और उससे भी आगे शून्यता के अति यथार्थवादी सत्य ज्ञान का बोध होता है। जहां पर वह वर्तमान से कोसों दूर चला जाता है। तब उसे प्रेम, पैसा, मोह, जीवन, मृत्यु, मोक्ष और सुख-दुःख एक समान लगने लगते हैं।

यह पूर्णतः काल्पनिक और अनुभवों के आधार पर लिखा गया हैं। कल्पना की ऊँचाईयों में, स्थानो को वास्तविकता लानें के लिए लिया गया हैं। जिनका किसी व्यक्ति या स्थान से कोई सम्बध नहीं हैं। यदि ऐसा पाया जाता हैं। तो यह एक संयोग माना जायेगा।

मेरी इस रचना में यदि कोई त्रुटि हो तो माफ कीजिएगा।

उद्देश्य

जीवन का परम लक्ष्य, परम सत्य एवं अंतिम लक्ष्य इस जीवन को मोक्ष प्रदान करना है। इसकी प्राप्ति के लिए आवश्यक गुण इस काव्य संग्रह में संकलित किए गए हैं। जैसे - सत्य, इमानदारी, अहिंसा, शिष्टाचार, सदाचार, लगन, मेहनत, नादान, दया, दयालुता, करुणा, खुशी, सुख, और प्रेम ....इत्यादि। इन पर कायम रहकर चलने से जीवन निश्चित रूप से ही G1-G2 के अनुसार मोक्ष प्राप्त कर लेता है। यह उस ईश्वर के भी आगे जाने का और उसके पार का मार्ग G1-G2 द्वारा पूर्ण मोक्ष के मार्ग को प्रशस्त करता है। उसके लिए किसी का भी सहारा नहीं लेना चाहिए। चाहे वह भक्ति रूप में हो, आसक्ति रूप में हो, साथ में हो, रिश्ते में हो, गुरु - शिष्य के रूप में हो, या किसी का आचरण फॉलो करने के अनुसार हो, या किसी ईश्वर की आस्था के रूप में हो .... इत्यादि। क्योंकि मोक्ष प्राप्ति के लिए किसी को भी स्वयं में १००% (अर्थात पूर्ण अकेला) होना चाहिए। लेकिन वे किसी दूसरे का सहारा लेता है। और उसे अपनाता है। तो वह अपने १००% का आधा (५०%) दूसरे को दे देता है। जिससे वह मोक्ष प्राप्ति के मार्ग में बाधा उत्पन्न स्वयं ही कर लेता है। और पूर्ण मोक्ष की प्राप्ति नहीं करता है।

गजाननाय नमः

पुरुष,स्वरूप,तरुण,अविधन,भुवनपति,कीर्ति,मंगलमूर्ति,नमस्तेतु ,

भूपति, वीरगणपति,वरगणपति,बालगणपति,महागणपति,गणपति,नमस्तेतु ।

उदंड,वक्रतुंड,चतुर्भुज,सुमुख,विश्वमुख,गौरीसूत,विघ्नहर,नमस्तेतु ,

शांभवी,गणाध्यक्षिण,पाषिण,बुद्धिप्रिय,रूद्रप्रिय,सिद्धिप्रिय,गदाधर,नमस्तेतु ॥

वरप्रद,भालचंद्र,धूमवर्ण,गजकरण,लंबकर्ण,शुपकरण,नमस्तेतु ,

मुक्तिदायी,नादप्रतिष्ठित,योगाछिप,गणाध्यक्ष,कृष्णपिंगाछ,लंबोदर,नमस्तेतु ।

मनोमय,मृत्युंजय,दुर्जा,छिप्रा,हेरंब,देवदेव,एकाक्षर,नमस्तेतु ।

भीम,प्रमोद,कपिल,सिद्धिविनायक,वरदविनायक,विनायक,महेश्वर,नमस्तेतु ॥

सर्वसिद्धांत,महाबल,मूषकवाहन,गजानन,हरिद्र,विधनराजेंद्र,नमस्तेतु ,

गजवक्त्र,विकट,विद्यावारिधि,स्कंदपूर्वज,विघ्नविनाशाय,यज्ञकाय,कृपाकर,न

मस्तेतु ।

देवेंद्राशिक,धार्मिक,गुणिन,यशश्विन,अलंपत,एकदंत,पीतांबर,नमस्तेतु,

देवांतकनाशकारी,छमनकरी,गजवक्र,एकदंष्ट्र,ईशानपुत्र,उमापुत्र,प्रथमेशवर,न

मस्तेतु ॥

अमित,अवनिश,कवीश,अनंतचिदरूपम,शुभम,शशिवर्णम,नमस्तेतु ,

बुद्धिनाथ,अखुरथ,सिद्धीदाता,बुद्धिविधाता,श्वेता,विघ्नहर्ता,विघ्नेश्वर,नमस्तेतु ।

शुभगुणकानन,नंदन,गजानन,सुरेशवरम,मुड़ाकरम,द्वैमातुर,नमस्तेतु,

देवव्रत,रक्त,निदिश्वरम,विघ्नविनाशक,सर्वात्मन,सर्वदेवात्मन,यशस्कर,

नमस्तेतु ॥

अनुक्रमणिका

चेप्टर-0: प्रकृति, मैं और शून्य

कविता – शून्य
कविता – शून्य

कविता – शून्य

कविता – शून्य
कविता – शून्य

कविता – शून्य

कविता – शून्य

कविता – शून्य

कविता – शून्य
कविता – शून्य

कविता – शून्य

कविता – शून्य

कविता – शून्य

कविता – शून्य

कविता – शून्य में जाना

मूक हो जाना, शून्य में खो जाना ,

कविता – शून्य में जाना

मूक हो जाना, शून्य में खो जाना ,

बज़ूद ना खुद का, खुद ही शून्य हो जाना,

जहां आधार शून्य हो,

जहां विचार शून्य हो,
जहां विचार शून्य हो,

जहां सार शून्य हो,
जहां सार शून्य हो,

जहां हर भार शून्य हो ,

तब रुक जाना, शून्य में विलीन हो जाना,

दूर-दूर हो कण-कण से, शून्य में लीन हो जाना,

जहां हर बंधन शून्य हो,

जहां हर स्पंदन शून्य हो,

जहां तन-मन शून्य हो,

जहां धरती-गगन शून्य हो,

तब शांत हो जाना, शून्य में समा जाना,

अंतिम छोर तक चले जाना, शून्य में रमा जाना,

भाव शून्य, स्वभाव शून्य,

धूप-छांव, शहर-गांव शून्य,

उतार-चढ़ाव शून्य, रखरखाव शून्य,

आना-जाना कैसा? जब ठहराव हो शून्य,

शून्यता में शून्य होकर, शून्य-शून्य हो जाना,

तब तू शून्य शून्य शून्य शून्य शून्य हो जाना,

कविता – शून्य से आना

तू शून्य से जगा , तू शून्य से बना ,

कविता – शून्य से आना

तू शून्य से जगा , तू शून्य से बना ,

तू शून्य से सजा, तू शून्य से तना,

तू शून्य से सजा, तू शून्य से तना,

तू अब तू है, किसी नाम से,

तू अब तू है, किसी काम से,

तू अब तू है, किसी काम से,

तू अब तू है, किसी गुमनाम से,

तू अब तू है, एक विराम से,

तू अब तू है, एक विराम से,

कि तू तब तू भी ना था, जो तू अब तू है,

अब तू है, तेरा वजूद है, जो तू शून्य से बना,

तू अब तू है, किसी पहचान से,

तेरी पहचान है, गांव के मकान से,

तुझे लोग पहचानते हैं तेरे निशान से,

जब तू न था, तब कण -कण थे तेरे अनजान से,

शून्य से रचना तेरी, शून्य से तेरा आकार बना,

शून्य में भी, तू शून्य था, शून्य से तेरा आधार बना,

शून्य ने तुझे समाज दिया,
शून्य ने तुझे समाज दिया,

शून्य ने तुझे नौ रस का राज दिया,

शून्य ने तुझे शिखर सा ताज दिया,

शून्य ने तुझे शिखर सा ताज दिया,

तू जो कल न था वो आज दिया,

संसार में आकर, संसार में रहकर, तूने अपना संसार रचा,

और भूल गया शून्य का राज, जो सब कुछ शून्य से बना,

कविता – शून्यता

जा पहुंच वहां तक, जहां पर तू सम हो जाए,

तन से, मन से, जन से, धन से, कम-से-कम हो जाए,

अशांत से मन शांत हो जाए,

हिंसा से तन अहिंसक हो जाए,

क्रोध का रूप मुस्कान हो जाए,

क्रोध का रूप मुस्कान हो जाए,

और एक दिन खुद से प्राप्त ज्ञान हो जाए,

जब सुख-सुख न रहे, जब दुःख-दुःख न रहे,

करुणा में डूब कर सुख-दुःख सम हो जाए,

तब यात्रा तेरी शुरू होगी शून्य की ओर,

अनगिनत गिनतियां भी शून्य हो जाए,

जिससे तू है बंधा, हर बंधन से है जकड़ा,

स्वतः जब उनमें टूटन हो जाए, और तू शून्य हो जाए

स्वतः जब उनमें टूटन हो जाए, और तू शून्य हो जाए

जहां मृत शरीर की यात्रा है, किसी चमक की ओर,

उस चमक से आगे जाना है, ईश्वर से भी तू पार हो जाए,

तब तू, तू न होगा, शून्य के अंश में,

अनन्त शून्य से गुजरता हुआ, पूर्ण शून्य हो जाए,

फिर ना तुझ पर किसी प्रकार का कोई प्रभाव पड़े,

मोक्ष-अमर होने के गुण यही हैं, जब तू शून्य हो जाए

जा पहुंच वहां तक, जहां पर तू सम हो जाए,

तन से, मन से, जन से, धन से, कम-से-कम हो जाए,

कविता – शून्य में जाना

मूक हो जाना, शून्य में खो जाना ,

बज़ूद ना खुद का, खुद ही शून्य हो जाना,

जहां आधार शून्य हो,

जहां विचार शून्य हो,

जहां सार शून्य हो,

जहां हर भार शून्य हो ,

तब रुक जाना, शून्य में विलीन हो जाना,

दूर-दूर हो कण-कण से, शून्य में लीन हो जाना,

जहां हर बंधन शून्य हो,

जहां हर स्पंदन शून्य हो,

जहां तन-मन शून्य हो,

जहां धरती-गगन शून्य हो,

तब शांत हो जाना, शून्य में समा जाना,

अंतिम छोर तक चले जाना, शून्य में रमा जाना,

भाव शून्य, स्वभाव शून्य,

धूप-छांव, शहर-गांव शून्य,

उतार-चढ़ाव शून्य, रखरखाव शून्य,

आना-जाना कैसा? जब ठहराव हो शून्य,

शून्यता में शून्य होकर, शून्य-शून्य हो जाना,

तब तू शून्य शून्य शून्य शून्य शून्य हो जाना,

कविता – शून्य से आना

तू शून्य से जगा , तू शून्य से बना ,

तू शून्य से सजा, तू शून्य से तना,

तू अब तू है, किसी नाम से,

तू अब तू है, किसी काम से,

तू अब तू है, किसी गुमनाम से,

तू अब तू है, एक विराम से,

कि तू तब तू भी ना था, जो तू अब तू है,

अब तू है, तेरा वजूद है, जो तू शून्य से बना,

तू अब तू है, किसी पहचान से,

तेरी पहचान है, गांव के मकान से,

तुझे लोग पहचानते हैं तेरे निशान से,

जब तू न था, तब कण-कण थे तेरे अनजान से,

शून्य से रचना तेरी, शून्य से तेरा आकार बना,

शून्य में भी, तू शून्य था, शून्य से तेरा आधार बना,

शून्य ने तुझे समाज दिया,

शून्य ने तुझे नौ रस का राज दिया,

शून्य ने तुझे शिखर सा ताज दिया,

तू जो कल न था वो आज दिया,

संसार में आकर, संसार में रहकर, तूने अपना संसार रचा,

और भूल गया शून्य का राज, जो सब कुछ शून्य से बना,

कविता – शून्यता

जा पहुंच वहां तक, जहां पर तू सम हो जाए,

तन से, मन से, जन से, धन से, कम-से-कम हो जाए,

अशांत से मन शांत हो जाए,

हिंसा से तन अहिंसक हो जाए,

क्रोध का रूप मुस्कान हो जाए,

और एक दिन खुद से प्राप्त ज्ञान हो जाए,

जब सुख-सुख न रहे, जब दुःख-दुःख न रहे,

करुणा में डूब कर सुख-दुःख सम हो जाए,

तब यात्रा तेरी शुरू होगी शून्य की ओर,

अनगिनत गिनतियां भी शून्य हो जाए,

जिससे तू है बंधा, हर बंधन से है जकड़ा,

स्वतः जब उनमें टूटन हो जाए, और तू शून्य हो जाए

जहां मृत शरीर की यात्रा है, किसी चमक की ओर,

उस चमक से आगे जाना है, ईश्वर से भी तू पार हो जाए,

तब तू, तू न होगा, शून्य के अंश में,

अनन्त शून्य से गुजरता हुआ, पूर्ण शून्य हो जाए,

फिर ना तुझ पर किसी प्रकार का कोई प्रभाव पड़े,

मोक्ष और अमर होने के गुण हैं। ये, जब तू शून्य हो जाए

जा पहुंच वहां तक, जहां पर तू सम हो जाए,

तन से, मन से, जन से, धन से, कम-से-कम हो जाए,

चेप्टर-1: प्रकृति, मैं और अनमोल बचपन

01.

जन्म

मंगल छः मई उन्नीस सौ पिचहत्तर में जन्म,

उत्तरायण के बसंत ऋतु का होगा स्तंभ,

कृष्ण एकादशी में कुंभ भरेगा दंभ,

पूर्वाभाद्रपद में होगा परम सत्य का शुभारंभ,

जहां-जहां होगा जीवन का आधार विज्ञान,

स्वयं तप से जानेगा परम सत्य का ज्ञान,

अति यथार्थवादी ज्ञान में खोजेगा पहचान,

जो है शाश्वत सत्य, ले जाएगा उधर ध्यान,

बालक का ज्ञान विश्व को सत्य से तारेगा,

स्वयं के ज्ञान से ईश्वर का सत्य उभारेगा,

धर्म ग्रंथों से भी आगे का सत्य विचारेगा,

अंजान निशा में ज्ञान का बोद्ध वह सबोरेगा

पतंग

माँ ! मुझको चकरी, डोर, पतंग दे दे ,

मैं भी आसमान में जाऊंगा पतंग ले के,

पूछूंगा भगवान से, मैं यह बात कह के,

दुनिया सुंदर कैसे बनाई? दिए किसको ठेके?

तू देखना मां मेरी डोर कोई ना काटे,

मैं पतंग की कलंगी पर बैठूंगा जाके,

वहां से मैं सुंदर दुनिया देखुंगा जाके,

मुझे तू ही सुंदर दिखेगी, क्या करूंगा जाके?

सुंदर चंद्रमा देखूंगा, देखूंगा सूरज के ठहाके,

बुध, शुक्र, शनि, से बना सौरमंडल देखूंगा जाके,

विश्व देखूंगा जो सूर्य की किरणों से सुनहरा लागे,

भारत देश स्वर्ण से चमकता देखा, बताऊंगा आके,

03.

गाँव

छोटे-छोटे हाथ, छोटे-छोटे पांव,

झोपड़ी मेरा घर, मुरार मेरा गांव,

छुटकी हूँ, दुलारी हूँ चंचल मेरा स्वभाव,

नन्हे-नन्हे कदमों से घुमु पगडंडी वाला गांव,

उछलू, कुदू, दौड़ु, भागू, खेत - खेत में,

टमाटर खाऊ, खीरा खाऊ, बनाऊ सेहत में,

आम तोड़ु, अमरुद तोड़ु, पेड़-पेड़ से मैं,

इसको चखु, उसको चखु, गुठली छोड़ु, खेत में,

गाय, बकरी, भैंस के बच्चों से खेलूं में ,

रोज सुबह दूध पीऊं , दादा के संग दंड पेलू में,

नन्हे-नन्हे हाथों से दर्द हंसकर सहलु में,

छोटे पांव से धमाचौकड़ी मचाऊ, टहलू में,

04.

मस्ती की पाठशाला

मेरा शौक रोज हो,

मस्ती की पाठशाला,

रोज नया सीखे हम,

हटे अज्ञानता का जाला,

दोस्तों ! आर्ट हो, क्राफ्ट हो,

थोड़ा सिंगिंग का पार्ट हो,

रंगों से खेले, नीला-पीला-काला,

खूब मजे कराए, मस्ती की पाठशाला,

मैम जी ! हम आपको मिस करते हैं,

जब से कोरोना ने स्कूल पर डाला ताला,

मुझको दोस्त भी बहुत याद आते हैं,

जल्दी से खुल जाए हमारी स्कूल की शाला,

05.

सत्य

अब झूठ चलेगा नहीं,

बस सत्य राह मोड़ेगा,

नकल से काम चलेगा नहीं,

अकल का घोड़ा दोड़ेगा,

नन्हे-नन्हें हाथों में,

कलम ज्ञान का पाठ पढायेगी,

बड़े होकर दूर देश में,

शिक्षा मेरे देश का डंका बजायेगी,

राजा हरिश्चंद्र-सा बन,

सत्य की राह पर कदम मेरा दौड़ेगा,

सबको सत्य पर चलना है,

घर-घर मेरे सत्य का ज्ञान दौड़ेगा,

06.

चांद

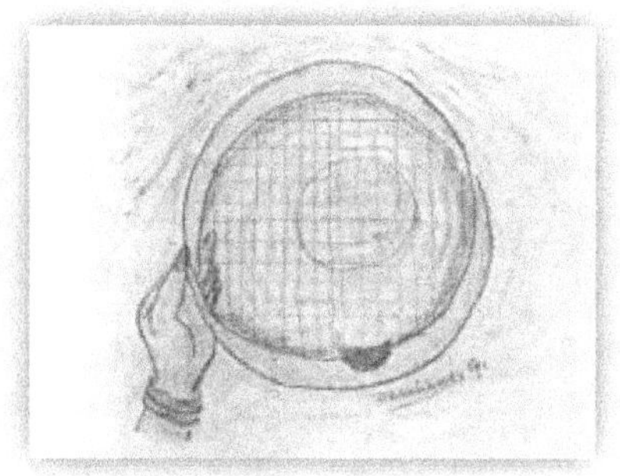

चांद जब-जब तू बादलों में चलता है,

मुझे पता है, अपनी कलाओ से खेलता है,

बड़ा हो जाए तो, छोटा होना चाहता है,

छोटा हो जाए तो, बड़ा होना चाहता है,

चांद जब-जब तू ज़िद में मचलता है,

पूर्णिमा में पूर्ण होकर खूब संबरता है,

चांद क्या तू गुस्सा भी करता है ?

क्यों अमावस्या में बाहर नहीं निकलता है ?

चांद तुझे पकड़ू मैं थाली में, राम बन के,

बन जाना मामा मेरा, मम्मी की लोरी में जम के,

ईद में निकलना छुप के एक-दो दिन छोड़ छोड़ के,

करवा चौथ पर मां के लिए, आना सब कुछ छोड़ के ,

07.

दादी-नानी की कहानी

पेपर खत्म, आओ बच्चों मई-जून है,

घूमने चलेंगे नानी-दादी के, अपनी धूम है,

घर पर नानी का बिस्तर अपना रूम है,

नानी सुनाओ हमें कहानी जहां भूतों की धूम है,

मम्मी पापा सो गए हैं अपने बिस्तर में,

भैया-दीदी चलो दादी के बिस्तर में ,

दादी दादी एक कहानी सुना दो बिस्तर में,

दादी बोली-''पर सो न जाना मेरे बिस्तर में'',

भैया-भैया भूतों की कहानी हमें हिम्मत देती,

दीदी-दीदी अच्छी कहानी अच्छी सीख देती,

अच्छे मार्ग पर चलना सिखाती हमको कहानियां,

नैतिकता का पाठ पढ़ाती हमको कहानियां,

08.

खेल

चुन्नू, मुन्नू, दीपू , बब्लू आओं खेले खेल,

पिंकी, स्वीटी , नैंसी ,रानी, आओं खेले खेल,

पोशम पा भाई, पोशम पा,

सौ रूपये की घड़ी चुराई अब की बार,

अब तो जेल में जाना पड़ेगा पहली बार,

बोलो पिंकी, नहीं चुन्नू खेल दूसरा खेल,

चुन्नू, मुन्नू, दीपू , बबलू आओं खेले खेल,

पिंकी, स्वीटी , नैंसी ,रानी, आओं खेले खेल,

एक रुमाल दो, गोल घेरे में बैठो भाई,

घोड़ा बादाम छाई, पीछे देखी मार खाई,

उठ दीपू ,तेरे पीछे रुमाल नैंसी ने गिराई,

भागा मुन्नू पिटा रुमाल से, फिर से खेले खेल,

चुन्नू, मुन्नू, दीपू , बबलू आओं खेले खेल,

पिंकी, स्वीटी , नैंसी ,रानी, आओं खेले खेल,

09.

आइसक्रीम

मम्मी मुझे जगाना मत,

हूँ मैं आइसक्रीम के किले में,

थोड़ा और सोने दो ,खेल रहा हूं

आइसक्रीम के मोहल्ले में,

बुर्ज लाल-लाल, बड़े-बड़े सॉफ्टी के,

दरवाजे खिड़की बने मैंगो फैक्ट्री के,

स्ट्रॉबेरी का है मोटा-मोटा बिस्तर मेरा,

वनीला से नहाया है दीवार मेरा ,

पिपरमेंट लगे जुगनूओ से चमकने ,

छत और फर्श चॉकलेटी से लगे महकने ,

नहीं मम्मा मुझको अभी जगाना मत, जगाना मत ,

ठीक है बेटा सोते रहो, संडे है आज उठ जाना मत,

10.

गुब्बारा

बापू हमें एक गुब्बारा दिला दो ना,

गुब्बारे भैया, भगवान से मिला दो ना,

मैं अभी छोटा हूं थोड़ा-थोड़ा मोटा हूं,

बापू उसमें हवा ज्यादा भरवा दो ना,

झुनझुना अपना साथ लेकर जाऊंगा,

भगवान के कानों में खूब बजाऊंगा,

मेरी दूध की बोतल भी मम्मी दे देना,

खुद भोलेनाथ पर मैं दूध चढ़ाउंगा,

गुब्बारे मुझे आसमा से तारों में ले जाना,

हैं सप्त ऋषि से ज्ञान पाना, ध्रुवतारे को दोस्त बनाना,

सूरज भी जलेगा, मेरी सौरमंडल की उड़ान से,

ये गुब्बारें आसमां में तू मुझे संग अपने ले जाना ना

11

नाव

मैंने छोड़ी, उसने छोड़ी, कागज की नाव,

बहते पानी में दोस्ती कराती कागज की नाव,

पापा की डांट खाकर नन्हे हाथों से बनाई है,

मम्मी के गुस्से से बचकर चलाई कागज की नाव,

पापा कहते हैं, कागज की कीमत पहचानो,

कोरा कागज मत फाड़ो, पहले उस पर लिख लो,

मम्मी कहती गुस्से से बारिश में भीगों ना,

सर्दी जुकाम हो जाएगा, हमारी सुनो ना ,

हम बच्चे मतवाले, चंचल है स्वभाव ,

मम्मी बस एक बार चलाने दो कागज की नाव,

मेरा दोस्त भी छोड़ रहा है पानी में रख के पांव ,

पापाजी मान जाओ ना, चलाने दो कागज की नाव,

बादल

जब-जब मैं बादलों में उड़ता हूं,

हाथ फैलाए अपने उनसे जुड़ता हूं,

आसमान में उनके बीच कुछ ढूंढता हूं,

ऐ ! बादल कैसे वजूद तुम्हारा पूछता हूं!

नन्हे-नन्हे हाथों से उन्हें पकड़ता हूं,

काले-काले बादलों से मैं डर जाता हूं,

गुस्सा करते वो, गड़गड़ाते फट पड़ते हैं,

करते तबाही, उन्हें पसंद नहीं करता हूं,

ऐ ! काश कोई बादल मेरा दोस्त होता ,

मैं भी संग उसके सदा व्यस्त होता ,

प्रकृति के चक्र को पूरा करने में मेरा हस्त होता,

सुनहरी होकर, खुशियां बिखेरता, सूर्योदय मस्त होता,

13.

पानी

जब-जब बादल घायल होता है,

तब-तक पानी पागल होता है ,

नहीं देखता आदमी के कंगूरों को ,

बहा ले जाता है, महल, घर, दीवारों को,

जहां चाहता है, वही मचल जाता है,

वह तो बच्चों सा चंचल होता है,

जब-जब बादल घायल होता है ,

तब-तक पानी पागल होता है ,

यह पागल किसी और के लिए घायल होता है ,

सूखे खेतों में डालें बीजों का आंचल होता है ,

कोमल, अंकुरित बीज का वह कायल होता है,

अंजान निशा में वीडियो उसका वायरल होता है ,

जब-जब बादल घायल होता है,

तबतक पानी पागल होता है,

14.

तीन पहिए वाली खिलौना गाड़ी

मेरी दौड़ चलती पुट्ठो (पोंदों) के बल,

कभी-कभी दौड़ता घुटनों के बल,

मां और दादी थककर हो जाती निर्बल,

घर-आंगन भीतर-बाहर करता चहल-पहल,

दूध के लिए मां की गोदी में घुस जाऊं,

टहलने के लिए दादी की गोदी में झूल जाऊं,

दोनों थक जाते, कैसे बचपन भूल जाएं?

पापा को दादा कहता, दादा तीन पहिया गाड़ी लाए,

बचपन में सब ने चलाई होगी वह गाड़ी,

आगे का पहिया, करता भविष्य की तैयारी,

पीछे के पहिए वर्तमान की थी सवारी,

भूतकाल की वह यादें, होती है प्यारी प्यारी,

15.

तितली

तितली तुमने सहस्र रंगों को पाया,

ब्रुश रंगों में डूबो-डूबो कर खुद को सजाया,

उड़कर फूल-फूल पर सिंहासन लगाया,

मैं दौड़ता पीछे तुम्हारे, क्यों तुमने मुझे लुभाया?

दौड़ा तुम्हारे पीछे , तुमने मुझे दौड़ना सिखाया।

मैं पकड़ता फूल-फूल से तुमको। तुमने भी खूब छकाया,

चोट लगी नन्हे पैरों में, हाथों को भी छिलवाया,

मैं दौड़ता पीछे तुम्हारे, क्यों तुमने मुझे लुभाया?

कितना सुंदर संसार होगा तुम्हारा,

रानी तितली का महल होगा नियारा,

हरफूल वहां होगा तुम्हारा दुलारा,

मैं दौड़ता पीछे तुम्हारे, क्यों तुमने मुझे लुभाया ?

16.

पैसा

जब मैं छोटा था, बच्चा था,

मेरे बचपन का पैसा अच्छा था,

10 पैसे में 10 टॉफी रु1 का समोसा था,

वह अच्छा था, क्योंकि वह सस्ता था,

पैसा सस्ता था, रिश्ते, मित्र पक्के थे,

पड़ोसी आटा-चीनी के कटोरे बदलते थे,

सारे त्यौहार में खुशियों के रंग छलकते थे,

पकवानों के थाल घर-घर आदान-प्रदान होते थे,

पैसे ने आदमी को उठना चलना सिखाया,

पड़ा मिला सड़क पर, तो ईमान से लौटाया,

न पैसे का घमंड था, अमीर-गरीब संग-संग था,

वो हमारे ज़माने का पैसा सबकी पसंद था ,

17.

टॉफी

वह संतरे वाली गोली,

10 पैसे में, 10 आती थी, गोली,

दादा खाते, दादी खाती,

मम्मी-पापा को भी भाती गोली,

एक-एक पैसा जमा करके,

हम भरते थे गुल्लक की खोली,

कभी मामा दे जाते, कभी ताऊ,

कभी चाचा ने सिक्कों से भर दी झोली,

झोपड़ी के मकान में बाहर थी,

एक छोटी सी दुकान की खोली,

रेंगते, घिसटते, दौड़ते चड्डी पकड़े,

घरों से निकलती थी हम बच्चों की टोली,

18.

सुबह की सैर

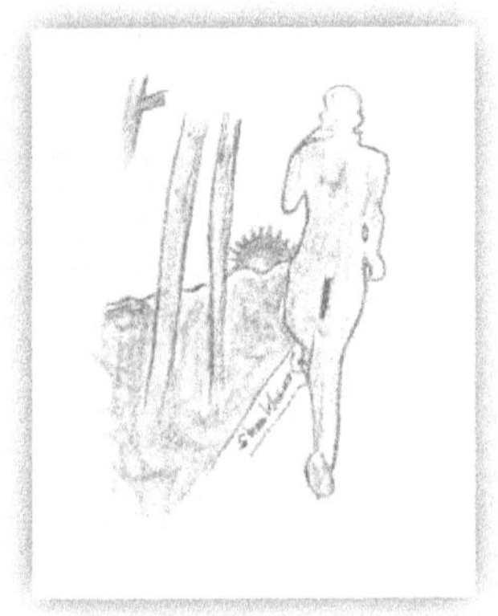

जल्दी सोते, जल्दी उठते, ना करते थे देर,

बिस्तर छोड़, इस को जगाया, उस को जगाया,

इसका दरवाजा खटखटाया, मार के हाथ पैर,

लेदर फैक्ट्री के बच्चे, करने चले सुबह की सैर,

अमित, कमल, विकास, गुड्डू, पप्पू

विनोद, राकेश, आमीन, रंजीत, मैदान में,

नरेंद्र, वीरेंद्र, गजेंद्र, महेंद्र भी,

चंद्रेश, हरवेंद्र खेलने दौड़ पड़ते मैदान में,

हम बच्चों का नियम था, रोज सुबह की सैर,

लौट कर आए, तो पड़े फुटबॉल पर पैर,

और एस.एल.पी. तक हो आते थे, पूछे बगैर,

कभी-कभी डैम तक चले जाते थे, देखने नहर,

19.

सदाचार

सीख लो सदाचार की बातें,

अच्छे-अच्छे व्यवहार की बातें,

कर्मों के मूलाधार की बातें,

क्योंकि तुम बच्चे हो, और यह बचपन हैं,

सत्य सुनना, सत्य बोलना, सत्य देखना,

लगन से काम करना, ईमान से रहना,

मेहनत से ना जी चुराना, सीख लो तुम,

क्योंकि तुम बच्चे हो, और यह बचपन हैं,

नैतिकता का पालन करना तुम,

बड़ों का आदर करना, कहना मानना तुम,

लालच कभी न करना, झूठ से डरना तुम,

क्योंकि तुम बच्चे हो, और यह बचपन हैं,

20.

ईमानदारी

किताबें हैं, सत्य, अहिंसा की बस्तियां ,

उनमें रहती है, करुणा, दया की हस्तियां,

उन सिद्धांतों, नियमों को हम पढ़ते हैं,

संसार है प्रयोगशाला, नित्य नूतन प्रयोग करते हैं,

राजा हरिश्चंद्र ने किया, सत्य का प्रयोग,

गांधी ने किया, अहिंसा का प्रयोग,

राम वचन पालन कर आगे बढ़ते हैं,

संसार हैं प्रयोगशाला, नित नूतन प्रयोग करते हैं,

मेरे जीवन के प्रयोग भी बचपन से चलते हैं,

इंदौर में रु10 का नोट लौटाया, जो अंकल आगे बढ़ते हैं,

ग्वालियर के मिडिल स्कूल में चाबी का गुच्छा लोटाते हैं,

संसार है प्रयोगशाला, नित नूतन प्रयोग करते हैं

21.

थैला (स्कूल का बस्ता)

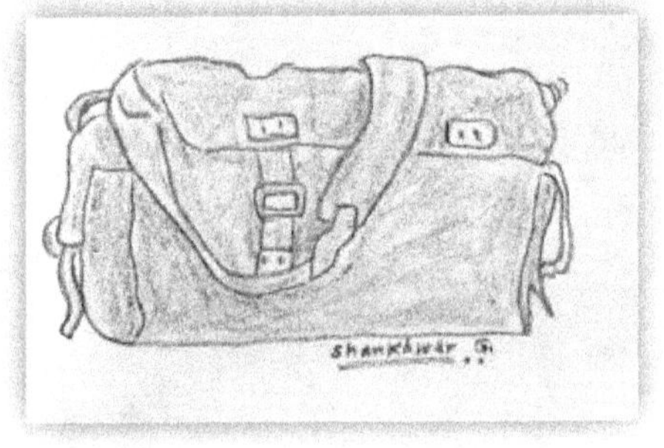

बचपन में फटा पुराना कपड़ा मेला,

मां के हाथों ने बना दिया उसका थैला,

हाथ से पकड़ते, लटका के चलते थे वह झोला,

आयताकार, लेकर किताबों का भार, चलता भोला,

कक्षा दो, तीन, चार, तक, बहुत काम आया,

कभी कंधे पर टांगकर चले थैला,

घर से मंदिर, मंदिर से पानी की टंकी,

टंकी से सरकारी स्कूल तक चले थैला,

उसने बोझा उठाया है मेरी किस्मत का,

उसके अंदर भविष्य हैं , मेरे वक्त का ,

बहुत अच्छा था, हमारे जमाने का थैला,

अब हैं, बस्ता, बैग, जो पहले था झोला ,

22.

सितोलिया

लेदर फैक्ट्री के बच्चों की टोलियां,

सात पत्थर जमा कर खेलें सितोलिया,

बॉल से मारें, गिरे तो शोर हो लिया,

भागे इधर-उधर, कोई जमाये सितोलिया,

फटे पुराने कपड़ों में आते पड़ोसी मित्र,

कभी आम, अमरुद, अंजीर पर बैठती टोलिया,

रिंकू, रंजीत, वीरेंद्र, गजेंद्र , कमल ,अमित ,

कोई बॉल ले आता, कोई पत्थर की सितोलिया,

घर थे सटे हुए, भावनाओं से पटे हुए,

आटा, शक्कर एक दूसरे को देती थी दोपहरिया,

छत थी सटी हुई, मित्रों के बिस्तरों से पटी हुई,

छतो पर सोती थी संग मित्रों के अखियाँ,

23.

चार-पर्ची

सुबह-सुबह करते माता-पिता को प्रणाम,

बैग टांग के चले, स्कूल में शिक्षकों को प्रणाम,

सब विषयों का था शिक्षकों के साथ आयाम ,

पर हमें लगता था प्यारा मध्य विराम ,

रेसिस्ट होती, बनाते चार पर्ची,

राजा, मंत्री, चोर, सिपाही लिखते उन पर नाम ,

या कभी-कभी खेलते सोलह पर्ची,

राम, लक्ष्मण, भरत, शत्रुघ्न होते उन पर नाम,

घर पर कभी कभी इतवार को

या कभी करते बसेरा छत पर काटते शाम,

कमल, रिंकू, गजेंद्र, गुड्डू बनाते पर्ची,

खेलते चार पर्ची, बिताते दोपहर से शाम,

24.

लगन

सीने में अगन खूब थी,

शिक्षा से ज्ञान जगाने को आतुर था ,

नए-नए दसवीं बोर्ड में आए थे हम,

किस्सा मेरी लगन का मशहूर था,

अव्वल तो सभी आते हैं,

मेहनत से प्रथम मुझे आना था,

सुबह 5:00 बजे उठकर पढ़ना जुनून था,

रात को 12:00 बजे तक पढ़ने में सुकून था,

संस्कृत पड़ी तो पंडित कहलाने लगे,

विज्ञान को पढ़ने से अलग आनंद आने लगे,

पर गणित मेरे प्रिय विषय में मेरा सुर था,

किस्सा मेरी लगन का मशहूर था,

25.

मेहनत

आठवीं से लिखा किस्मत का लेखा,

पांचवी-छठवीं के बच्चों को पढ़ाने लगा,

जोश था, जूनून था, मेहनत का फल चखा,

एक घंटा शाम का, पढ़ाने में बिताने लगा,

11वीं थी सामान्य जिंदगी से अलग,

विषयों की गहराई में उतरने की थी ललक,

गणित के सवालों को छत पर चौक से करने लगा

भौतिकी मुझे संसार से परिचय करवाने लगा,

खुद ही पड़ता, खुद ही समझता, बार-बार,

गणित को दोहराता, लिखकर मिटाकर बार-बार,

अजीब आनंद मेहनत के नशे में छाने लगा,

पढ़ना शौक बन गया, दिन किताबों में बिताने लगा,

26.

पाठ

पिताजी के मित्र का अहम आचरण था,

अनमोल कथनों को कागज पर लिखने का क्षण था,

अमृत वचन थे, महान पुरुषों का मूल कथन था,

छठवीं की बातें थी, छापाखाना मेरा मन था,

उन्हें पढ़ता, उन्हें अपनाता था, उन्हें दोहराता था,

किसी को सिखाता था, किसी को सुनाता था,

वह पाठ, महापुरुषों के उपदेशों को मैं अपनाता था,

मैं साथ था परिवार के, खुद को कहीं और पाता था

उम्र के दौर में अपने बचपन को बताता था,

वह दूसरे थे, जो पढ़ते-सुनते थे, मैं उन्हें जीता था,

वो थे लाल, नीले, पीले, हरे रंग के अक्षर कागज पर

बचपन में प्रयोग करता था, मैं उन्हें लिखता था

27.

खाकी चड्डी

मेरी कमर तक बहुत चढ़ी,

स्कूल के बचपन की वह चड्डी,

ज़ीप वाली नहीं, थी वह बटन वाली,

घुटने के ऊपर चडती, वह चड्डी,

सफेद कमीज उसको ढक लेती,

आधा कर देती थी खाकी चड्डी,

चड्डी तक बस्ता भी लटक जाता था,

एक नया एहसास देती थी वह खाकी चड्डी,

पुलिस के एहसास से भर देती,

हमारे सरकारी स्कूल की सरकारी चड्डी,

डाकिया भी बना जाती, जेबों से भरी चिट्ठी,

हम मासूम, स्कूल जाते पहनकर वह चड्डी ,

28.

स्कूल ड्रेस

पहली-पहली बार स्कूल कर रहा था इम्प्रेस ,

सफेद कमीज, खाकी चड्डी, थी स्कूल की ड्रेस,

सरकारी स्कूल में जाने का मन में क्रेज,

घर से स्कूल, स्कूल से घर, पढ़कर बनानी थी इमेज,

मिडिल में स्कूल बदला, बदली स्कूल ड्रेस ,

सफेद कमीज नीली चड्डी, थी स्कूल ड्रेस,

पीपल के पेड़ के नीचे होते थे पीटी में ट्रेस ,

घर से स्कूल, स्कूल से घर, पढ़कर बनानी थी इमेज ,

हाई स्कूल, हाई सेकेंडरी था हमारा, थर्ड फेस,

सफेद कमीज, स्लेटी पेण्ट थी स्कूल ड्रेस ,

सुबह जल्दी उठकर और देर रात तक पढ़ाई का था क्रेज,

घर से स्कूल, स्कूल से घर, पढ़ कर बनानी थी इमेज,

29.

मित्र

मित्र मेरे पांचवी तक के साथी,

गहरे मित्र थे, नहीं जानते थे, धर्म-जाति,

इंदौर के मित्रों की याद सताती,

आशीष, सोनू, कुट्टन भाई, थे मद्रासी,

वह मित्र जो स्कूल में संग-संग पढ़े थे,

पुलिया के नीचे, नाले के पास उनके घर खड़े थे,

साथ-साथ खेलते-खाते, छुआछूत से परे थे,

रमेश, धर्मेंद्र, देवेंद्र यह प्यारे मित्र मेरे थे ,

धुंधली-धुंधली यादें हैं धुंधले चेहरे हैं ,

कौन कहां पर है? पता नहीं कहां पर ठहरे हैं?

यादों में है आज भी, मस्ती भरे दिन गहरे हैं,

हां वह प्यारे मित्र बस मेरे हैं, बस मेरे हैं,

30

चिड़िया

वह चिड़िया जो छोटी बच्ची थी,

हुदहुद थी, बड़ी सुंदर सच्ची थी,

मैं और मेरे भाई ने प्यार से पकड़ी थी,

वह कोमल है, घोंराले से गिर पड़ी थी,

करुणा थी मन में, कहीं चोट ना लगी हो,

दया थी मन में, दाना-पानी दिया, भूखी हो,

हाथों से छीनी लड़कों ने, नियत उनकी बुरी थी,

ऊपर जोर से फेंका, वह ना उड़ी, धड़ाम से गिरी थी,

बहुत दर्द से कराह उठी थी, वह छोटी चिड़िया,

उन लड़कों को फर्क नहीं पड़ा, रोती रही चिड़िया,

दुःखी हुआ मन मेरा, ले ली हमने वह चिड़िया,

करुणा थी मन में, पाला, ठीक हुई तो उड़ा दी चिड़िया,

31.

भाइयों का साथ- साथ होना

हमने तुमने कितना सुंदर बचपन देखा,

दौड़ता-भागता, लंगोटियों में लड़कपन देखा,

शाम को पापा के आने पर भाइयों का चिल्लाना देखा ,

तेरी चड्डी मैं पेहनु, तू मेरी बनियान, ऐसा अपनापन देखा,

मां को, एक साथ हमें नहलाते देखा,

चूल्हे की रोटियां, साथ-साथ खिलाते देखा,

मिट्टी के घरों में, टाट/बोरी पर सुलाते देखा,

बचपन का भविष्य, बनाने वाले के सपनों को मिटाते देखा,

किसी को रोते देखा, किसी को सोते देखा,

मैंने मां और दादी को लंगोट धोते देखा,

गोदी-गोदी में रहता, उन्हें खड़े-खड़े सोते देखा,

मैं जग रहा था, मुझमें भावनाओं को, मैंने बोते देखा,

पहली कविता

कक्षा 8 की पहली मेरी कविता,

भोले नादान मन से निकली थी कविता,

दो कदम ओर शीर्षक की थी कविता,

ओजस था, देश प्रेम था, वीर रस की थी कविता,

दो कदम और चलना है वीरों,

कदम-कदम पर लड़ना है वीरों ,

अपने देश पर मिटना है वीरों,

हँसते - हँसते शहीद होना है वीरों,

वार्षिक उत्सव पर बहुत लहराई थी वह कविता,

सभी मित्रों, शिक्षकों को पसंद आई थी वह कविता,

मेरे जीवन का पहला प्रमाण पत्र थी वह कविता,

इनाम का वह गिलास जो लिखवाता है मुझसे कविता,

33.

बचपन का एक प्रश्न

"परिवर्तन कैसे होता है?"

छत पर रात में बैठा सूरज के इंतजार में,

सूरज उगते देखा, प्रथम किरणों के प्यार में,

छत पर शाम को बैठा, सांझ के इंतजार में,

सूरज को डूबते देखा, रात्रि की पुकार में,

बीज से पौधा उगते देखा, पौधे को बढ़ते,

पेड़ पर फूलों को आते देखा, देखा फलों से लदते,

फिर पत्तों को घिरते देखा, देखा फलों को गिरते,

फिर से नया बीज बनते, देखा नया संसार रचते,

पर समझ नहीं आया, बचपन क्यों अनसमझ होता है,

क्या पढु कोई तो बताओ, "परिवर्तन कैसे होता है?" ,

कच्चा कैसे पकता है, कैसे इसमें परिवर्तन होता है,

कठिन प्रश्न मेरे बचपन का, कि कैसे परिवर्तन होता है

34.

दोपहर की गर्मी

सुंदर है, हंसमुख है, हमारी टोलियां,

हम बच्चों की मस्त है गर्मी की दोपहरियां,

पेड़ के साए तले, पवन गाती लू की लोरियां,

साथियों के साथ भाति, गर्मी की दोपहरियां,

बहुत भाती थी, नमक-अचार वाली रोटियां,

कभी तीखी मिर्च से, कभी प्याज वाली रोटियां,

साथ बैठकर खाई हैं, एक-दूसरे की झूठी रोटियां,

मित्रों के संग मेरी भूख मिटाती, भूखी रोटियां,

सुंदर थी, हंसमुख थी, उन दिनों की बतियां,

बातों-बातों में शाम दे जाती थी, दुपहरियां,

स्वतंत्र थे, भेदभाव छुआछूत से मुक्त,

मुक्ति हमें और जोड़ती, लेकर अपनी दोपहरिया,

35

अमरूद का पेड़

बचपन में, मैं और मेरी अटरिया,

घर हुआ करती थी, अमरुद की टहनियां,

किताबें लेकर, टहनी पर बैठ की है पढ़ाईया,

सातवीं, आठवीं, नौवीं, दसवीं तक की चढ़ाईया,

उसी पर बैठे-बैठे सो जाती थी, अखियाँ ,

उसी पर अमरुद खाकर मिटती थी, भुखियाँ,

भाई ढूंढे, मां ढूंढे, पेड़ पर कटती थी, दोपहरिया,

पिता की एक आवाज, में आ जाती थी मेरी कदमिया,

संग मेरे पड़ोसी मित्र भी, करते थे, धमाचौकड़ीया,

अमरूद के पेड़ पर चढ़कर, अमरुद खाती दतिया,

तोता आते, चिड़िया आती, आती थी गिलहरियां,

सब मिलके अमरुद खाते, बिताते थे जिंदगियां,

36.

दादी मां की गोदी

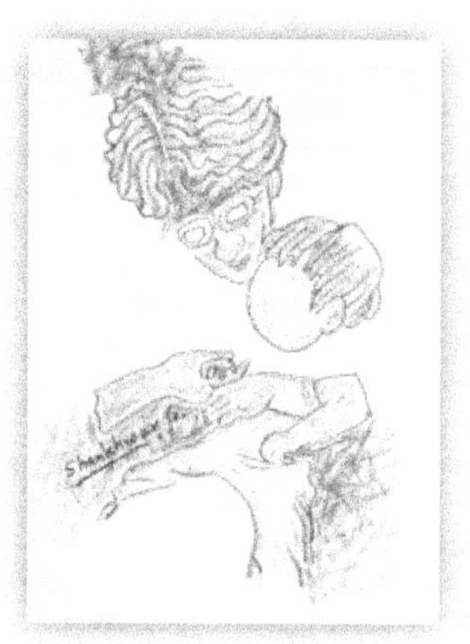

बूढ़ी-बूढ़ी सफेद साड़ी वाली,

साड़ी पहनती थी, खादी वाली,

जंगल से लकड़ियां लाने वाली,

कुल्हाड़ी के संग जीने वाली,

बेचती लकड़ियां, कमाती, दो पैसे वाली,

चूल्हे पर बनाती रोटी-सब्जी वाली,

ना होते पैसे, बुझे चूल्हे-सी जलने वाली,

हमारा पेट भर, खुद पेट पर कपड़ा बांधकर रहने वाली,

रोकती भूख को, सबको सुलाने वाली,

मुझे गोद में रात-रात भर उठाने वाली,

बहुत प्यारी, मेरी दादी खादी वाली,

पहनती सफ़ेद साड़ी, वो भी खादी वाली,

मां की ममता

मां मैं तेरी गोद में खेलता हूं,

ऐसा लगता है, जन्नत में टहलता हूं,

नन्ही अंगुली से तुझे पकड़ मैं चलता हूं,

ममता की दहलीज पर, मैं मचलता हूं,

जो तन से सींचे, उस मां की ममता को प्रणाम,

जो धरती से अन्न उपजे, उस धरती मां को प्रणाम,

जो गाय दूध पिलाये, उस गायमाता को प्रणाम,

जो नानी-दादी मां, निवाला खिलाएं, उन्हें प्रणाम,

सर पर साया देने वाला आकाश तुझे प्रणाम,

आकाश जैसा पिता का साया उन्हें प्रणाम,

उनकी गोद में खेलता हूं, देखता हूं, नये आयाम,

बस बड़ा होकर, छूना चाहता हूं, बड़ा मुकाम,

38.

बचपन की लड़ाई

मां की ममता, पिता की कढ़ाई,

हर एक पल में, प्रेम बनके समाई,

हर दौर से गुजरे संग-संग, हम भाई,

मिल बांट के रहते, खाते, करते पड़ाई,

छः, सात, आठ, नौ, दस, साल भर की थी खाई,

पर मुझसे बड़े, मुझसे छोटे, अक्सर करते लड़ाई,

लड़े छोटी बात पर, अक्सर मैंने रुकबाई,

पर मिल-बांट के खाते-पीते, ओढ़कर एक रजाई,

दिन थे सुनहरे, बोरे के बिछोने थे,

कच्ची मिट्टी के आंगन के कोने थे,

चूल्हे की रोटी, प्याज चटनी के कोरे थे,

अमूल्य स्मृति, बचपन के दिन सोने थे,

39.

झूठ

पहली कक्षा में ही पढ़ा दिया था पाठ,

झूठ के पैर नहीं होते, ना होते उसके ठाठ,

झूठ की दुनिया में नहीं जी पाते, दिन सात-आठ,

सत्य अपने दम पर, झूठ की खड़ी कर देता खाट,

झूठ की कहानी, झूठ से गढ़ी जाती है,

फिर बनती झूठ की दुनिया, झूठ-मूठ की रह जाती है,

सिखाया बचपन में, झूठे की बुरी गति रह जाती है,

सौ झूठ की बुनियाद को, सत्य की चमक मिटा जाती है,

एक बार लिया था, झूठ का सहारा छुपते-छुपाते,

मन और प्रकृति को मंजूर ना था, कब तक बच पाते,

फिर कुछ दिनों बाद, खुद का नुकसान उठाते,

डर-डर के जीते, घबराते थे, तोबा अब झूठ नहीं अपनाते,

40.

फुटबॉल मेरा प्रिय खेल

छठी सातवीं के मासूम से मुख थे,

हम कम उम्र के साथियों के यही सुख थे,

छुपा-छाई, सितोलिया, खेल सम्मुख थे,

वह साथियों के पुराने दिन, हमारे बहुत कुछ थे,

सुबह की सैर के, हम दोस्त आदि थे,

दोपहर के स्कूल, कंधे पर बस्ता, वस्त्र खाकी थे,

शाम को घर के सामने बड़े मैदान के पारखी थे,

फुटबॉल चंदे की लेकर खेलते, मेरे सब साथी थे,

हाथों के खेल, हाथों से खेल, हाथ मजबूत हुए,

पैरों के खेल, पैरों से खेले, जैसे अंगद दूत हुए,

बुद्धि के खेल, पढ़ाई से सजे, गणित के सूत्र हुए,

आह! आनंद भरे बचपन के दिन कितने दूर हुए?,

41.

बचपन

बचपन - सुनहरा अनमोल बचपन था,

सभी से मिलजुल के रहने में अपनापन था,

सभी धर्मों, भाषाओं, जातियों का संगम था,

इंदौर का वह किराए का मकान, अनुपम था,

घुटने-घुटने चल, पंजाबीयों के पराठे खाए,

सिंधी, गुजराती, मराठी के भी कोर पचाये,

राजस्थानी गोद में हमें बिठाकर खिलाएं,

इंदौर के किराए के मकान में सुनहरे पल बिताए,

नहीं था भेदभाव, छोटी जाति से था लगाव,

ऊंची जाति के लोग भी रखते थे प्रेम भाव,

हम सब बच्चों का नाले के किनारे था पड़ाव,

इंदौर का मंदिर और उसका बगीचा यादों की छांव,

42.

अन्न

एक दाना जीवन है, एक दाना पानी है,

एक दाना सोना है, एक दाना मोती है,

एक दाना भूख है, एक दाना सुख है,

दाना-दाना ना हो, तो ना दाना दुख है,

माटी की हंडियो में, माटी के बर्तन में,

जलते हाथों से गर्म खाना डालती बर्तन में,

धरती पर बैठा के, दोनों पैरों के बीच में,

मेरे मुख को, निवाला करती, अर्पण मैं,

मान है, धरती का, मिट्टी का, किसान का,

एक-एक दाना मेहनत से उपजा सम्मान का,

पूज्य हैं दाना खाने से पहले, शरीर की जान का,

माटी में भी गिरा, खाया उसे, किस्सा याद है बचपन का,

43.

बारिश

हम तुम नन्हे हाथों से,

बारिश की एक बूंद को पकड़ लेंगे,

अपने नन्हे-नन्हे हाथों से,

दरिया पार कर लेंगे, पहाड़ चढ़ लेंगे,

खेलेंगे साथ-साथ नाव लेकर,

एक छाते के नीचे बारिश का मजा लेंगे,

बचपन के स्कूल के साथी ,

हम-तुम मिलकर जीने की वजह देंगे,

खेलेंगे फिर से पानी की टंकी के नीचे,

बरगद के पेड़ के नीचे, बारिश से बच लेंगे,

पानी के पाइपों पर बैठ बातें करेंगे,

बारिश में उसके अंदर बैठ, बारिश का मजा लेंगे,

44.

वह बरगद

मोटा था, घना था, एक बरगद,

मेरे स्कूल के पथ पर था, वह बरगद,

थोड़ा आगे, मेरे स्कूल की थी सरहद,

मूक होकर भी, दे गए यादों के शब्द,

उसके नीचे खेले खेल हमने कई,

अष्टा-चंगा, सोलह गोटी, छुपा-छाई,

उसके तने पर चढ़, भरी उसने भी अंगड़ाई,

लटकती जड़ों से झूले, नीचे हम करते पढ़ाई,

उसका साथ, उसकी यादें, उसकी राहें,

जैसे आज भी बुला रही हो उसकी बांहें,

वह बूढ़ा बरगद, आज भी आशीष देता है,

भले ही कट गया हो, यादों में, बाहों में भर लेता है,

45

मेरा स्कूल

बहुत प्यारा है, मेरा प्रिय स्कूल,

पहली बार नन्हे कदमों ने छू ली थी धूल,

जमीन पर टाट-पट्टी की बैठक थी फुल,

उपटती दीवारें, छत चद्दर की थी मूल ,

खास नहीं था वह, मेरे लिए था बहुत खास,

में शिक्षकों का प्रिय, मुझमें ज्ञान की प्यास,

झाड़ू लगाना, टाट-पट्टी उठाना, हम सबका काम,

हर शनिवार बाल दिवस, बच्चों की खुशी का था पैगाम,

ब्लैक बोर्ड पर भी लिखने का था अलग ही मजा,

एक बार भागफल में, पाँच के पहाड़े पर मिली थी सजा,

खाकी नेकर में, पैरों पर डंडी पड़ी, पिटने की थी वजह,

उससे हम अव्वल हुए, मास्टर अच्छे थे, पाई हमने सतह,

46.

अनुशासन

आदर और सम्मान की बातें,

नानी-दादी कहानी के द्वारा सिखलाती,

हम उन्हें सुनते, सीखते, अपनाते,

पांचवी से हमने सीखा पग बढ़ाते हैं,

माता-पिता, गुरु, बड़ों का आदर करो,

पैर छूकर सम्मान से उन्हें नमस्कार करो,

प्रातः जल्दी उठो, पढ़ो, फिर सेर करो,

अनुशासन में रहो, पल-पल सही पैर धरो,

47.

जीवन-मृत्यु

आह ! आनंद है, खुशी है, जीवन से,

सुख-शांति है, रिश्ते के अनुबंधन से,

हम हैं, आप हैं, जीव-जंतु हैं, वातावरण से,

अभी के वक़्त वर्तमान में, जीवन हैं जीवन से,

दुख है, दर्द है, अंत है, मृत्यु के दर्शन से,

पश्चाताप हैं, पुनर्मिलन की आस है, तन से,

अपने भी ना अपने हैं, मोह-माया है, एक उलझन से,

बस यादों का सार है, एक हार है, मृत्यु के अर्पण से,

जीवन-मृत्यु के बीच की दहलीज़ को देखा मैंने,

बधावने में, उसके पानी के एक कुंड में मैंने,

डूबा ओर डूबता जा रहा था, अंग-अंग मरणासन्न से,

जीवन छूट रहा, मृत्यु हाथ थाम रही, पवन दूर तन से,

छह माह पहले स्वयं की मृत्यु का बोध हुआ,

मैंने यह कहा, बोला तो, सत्य का स्रोत हुआ,

अनुभव वह मेरे जीवन का, शुरू शोध हुआ,

1990 की घटना, जीवन का उद्देश्य, 2018 में पूर्ण हुआ,

48.

बच्चे

हम बच्चों से निर्दोष क्यों नहीं हैं?,

भोले क्यों नहीं?, उनसा जोश क्यों नहीं हैं?,

मन से कोमल, मन से चंचल क्यों नहीं है?,

नाजुक भोले-भाले, अब पल-पल क्यों नहीं है?,

वह नादानी, वह मासूमियत पालते क्यों नहीं है?

अब रग-रग में इंसानियत ढालते क्यों नहीं है?,

इन हाथों से बेफिक्र को संभालते क्यों नहीं हैं?,

हम कमजोर से, शख्सियत बदलते क्यों नहीं हैं?,

दो साल तक, जो अनमोल बचपन गुजारा,

उससे जवानी और बुढ़ापे में मुलाकात करते क्यों नहीं है?,

अंजान निशा में, रेत सा फिसल जायेगा, यह वक्त,

यादों का सजदा हम लोग अपनों के साथ करते क्यों नहीं हैं?

49.

गिल्ली-डंडा

पाँच, छ:, सात साल के बच्चों का मोहल्ला,

निकलता मैदानों में, लेकर गिल्ली-डंडा,

इंदौर में दोपहरी के सुभाष नगर का हल्ला,

उच्छलें, कूदे शोर मचाए, गिल्ली-डंडा,

मैदानों में आ गया हम बच्चों का झुन्डा,

छोटे-बड़े भाइयों के संग, मैं भी चला पकड़ के चड्डा,

छोटे ने पकड़ी गिल्ली, बड़े ने पकड़ा डंडा ,

कोई बनाता पाला , कोई करे छोटा गड्डा

छोटे ने गिल्ली डाली , बड़े ने उसमें मारा डंडा ,

गिल्ली उच्छली कूदी , वहां गिरी जहाँ था मुडड़ा,

खेलता , कूदता , शोर मचाता हम बच्चों का झुन्डा,

दोपहरी से शाम तक खूब खेला हमनें गिल्ली-डंडा

50.

हमने जीना सीख लिया

माता के गर्भ से निकला ,

धरा पर घिसटना सीख लिया,

पिता के प्रेम में अभिभूत हुआ,

अंगुली पकड़ चलना सीख लिया,

दूध पीना ,रोटी निगलना सिख लिया,

माता तुझे प्रणाम, हमने पढ़ना सीख लिया,

देखा पिता को धूप में मेहनत करते हुए,

हमने भी कमाना सीख लिया,

करुणा , दया , प्रेम, क्षमा का बीज पनपा,

सत्य, ईमानदारी पर चलना सीख लिया,

जब शिष्टाचार, अहिंसा को आत्मसात किया ,

मोह-माया छोड़ हमने जीवन जीना सीख लिया,

51

विवेक

शीत, ग्रीष्म, वर्षा, शरद ऋतु,

मौसम बीत जाते हैं ,

सुबह, शाम, दिन, रात, लम्हे,

समय बनकर बीत जाते है,

बीत जाती हैं सदियां,

जीवन बीत जाता है,

एक उम्र बीत जाती है,

विवेक जगने में सब बीत जाता है,

जो सही गलत समझ जाता है,

जो मूर्त-अमूर्त के बीच ठहर जाता है,

जो सुख-दुख को एक समान पाता है,

तब जाकर विवेक जग पाता है,

52.

उदार हृदय

पीड़ितों को खुश करके,

गद-गद हो जाए मेरा हृदय,

दो चार रोटी गरीब को देके

भूख से मिट जाए मेरा हृदय

रोता हुआ न कोई जीवन जिये,

उनकी आंख का पानी हो जाए मेरा हृदय,

हर आया छोटा-बड़ा संग-संग जिये ,

मैं बाटूं खुशियां, उदार हो जाये मेरा हृदय,

हर क्षण ऐसा जिये कि हो जाये मुक्ति,

अंत हो दुखों का, उदार हो जाए मेरा हृदय,

सत्य, दयालु, वचन के मार्ग में चलकर,

सेवा कर , करुणामई हो जाए मेरा हृदय,

53.

दयालु

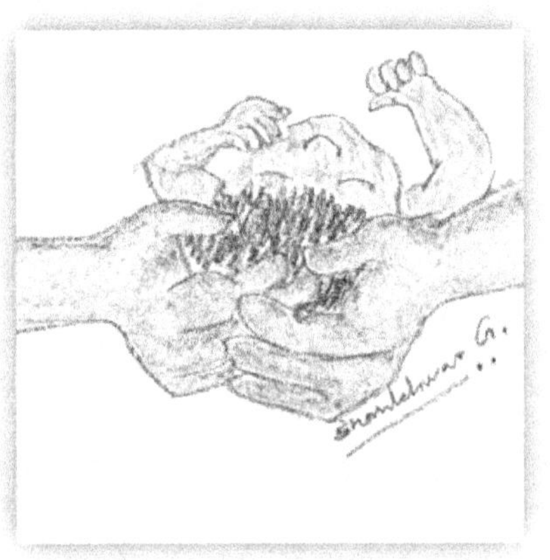

शैतानी भरा था, बचपन मेरा,

सोचा इसको छेड़ू, उसको सताऊ,

जब से सीखा, एक पाठ नया,

सब के प्रति हृदय मेरा, हो गया दयालु,

पानी में फंसी चींटी निकालता,

चिड़िया को दाना पानी डालू,

गाय को चाय कहता, देता रोटी,

सब के प्रति हृदय मेरा, हो गया दयालु,

साधु की झोली में डालू आटा,

माता-पिता के काम में खुद को ढालू,

ऋणी है जीवन, सब के प्रति,

सब के प्रति हृदय मेरा, हो गया दयालु,

54.

सेवा भाव

वक्त का ना कभी अभाव हो,

मन में सदा सेवाभाव हो,

हर दुःखी के प्रति झुकाव हो,

सेवा के प्रति हृदय में बहाव हो,

जीवन चले पर ठहराव हो,

ज्ञान मिले, बस अनुभव की किताब हो,

किनारा मिलेगा जरूर, गुरु रूपी नाव हो,

मोक्ष मिले, बस सत्य का प्रभाव हो,

सत्य पर चलो, झूठ का ना नकाब हो,

अहिंसक रहु, हिंसा का ना घाव हो,

गलत राह चलने वाले, ऐसे ना मेरे पांव हो,

सेवा करू, घूमता रहु, चाहे गली हो या गांव हो,

55.

करुणा

मेरे कदम जहां-जहां पर पड़े,

गाय, बकरी, भैंस के लिए करुणा बड़े,

ना कोई जीव पैरों तले दबे,

पशु-पछियों के प्रति करुणा बड़े,

यहां इंसान, इंसान के दुश्मन नहीं,

माता-पिता, भाई-बहन रिश्ते हैं सगे,

मित्र, पड़ोसी, गुरु, सब हम से हैं जुड़े,

साधु, भिखारी सब के प्रति करुणा बड़े,

आंखों से, चेहरे से, भावों से,

हृदय के कोने-कोने से करुणा उमडे,

तन से, मन से, रूह से एक होकर,

हर क्षण करुणा में डूबे, करुणा बड़े,

56.

सुरीला

मन अपना सितार बना कर देखें,

क्रोध में मन के तार तने-तने बहकेंगे,

भटकते जीवन में ढीले-ढीले मिलेंगे,

फिर कैसे सुरीला स्वर कंठ से मिलेंगे,

मन अपना वह सितार बना कर देखें,

इसके तार, ना कम, ना ज्यादा, हो कसे,

तब संतुलित होंगे, जब नभ-धरा में,

तब मन से सुरीले स्वर स्वतः फूटेंगे,

इस स्वर से धरती-आकाश बने,

इस स्वर से प्रकृति ने रहस्य रचे,

यह एकाकार की धारा में ले जाएंगे,

मोक्ष पाकर सदा मुक्त हो जाएंगे,

57.

भयमुक्त

ऐ ! काश कि बचपन,

फिर से लौट के अवरुद्ध हो जाए,

साल भर के बच्चे-सा बनकर,

खत्म जीवन के सारे युद्ध हो जाएं,

ना आने वाले कल की चिंता सताए,

ना बीते हुए कल की याद आए,

नादान, भोले, मासूम हो जाएं ,

ऐ! वक्त, हम तेरे कदमों में भय मुक्त हो जाए,

वर्तमान की धारा में जोड़ के,

सुख-दुख की डोर से मुक्त हो जाएं,

खुद ही में दीपक जला कर हम,

संसार के बंधनों से भयमुक्त हो जाएं,

58.

किसी वस्तु से ना चिपको

आकर्षण, है भौतिक जगत में भरा पड़ा,

मोह, माया, काम-क्रीडा में इंसान मरा पड़ा,

तुच्छ है, क्षणिक है, सब कुछ ना पूरा मिला,

ना उम्र भर साथ रहा, ना मरने के बाद साथ चला,

समझ ले, सीख ले, ज्ञान का यह टुकड़ा,

ना रहे किसी वस्तु से चिपक के, ना हो खड़ा,

ना किसी रिश्ते से चिपक, पल भर ही हो चला,

ना उम्र भर साथ रहा कुछ, ना मरने के बाद चला,

देख खुद को, खुद ही में तू, नहीं है खुदा,

दुःख, याद के सहारे चिपकने वाला है मुर्दा,

अंतर्मन से ज्ञान जगा, फिर तू नहीं चिपकने वाला,

ना उम्र भर साथ रहा कुछ, ना मरने के बाद चला,

59.

सामंजस्य

इच्छाएं छवि बनाती हैं,

विचार विश्लेषण सजाती है,

अपेक्षा चयन कराती है,

यह मन का सामंजस्य ठहराती हैं,

इच्छा, विचार और अपेक्षा,

कल्पना की निरंतरता को उत्पन्न करती हैं,

यह अंदर और बाहर की दुनिया जोड़कर,

व्यवहार और कार्य का निर्माण करती हैं,

सामंजस्य में देती, सदभाव और खुशियां,

असामंजस्य मैं देती दुःख की गठरिया,

दृष्टि, ध्वनि, स्पर्श, स्वाद और गंध,

बचपन में सीखी, सामंजस्य की है यह पोटलिया,

60

मधुर संबंध

किसी से मिलो, मुस्कुराते रहा करो,

मधुर संबंध बनाते रहा करो,

करुणा रख आंखों में, चला करो,

दयालुता रख हृदय में, बड़ा करो

कीमती मोती है प्रेम के, लुटाते रहा करो,

दुश्मनों से भी मिलो, मुस्कुराते रहा करो,

भेदभाव मिटा के, धर्म-जात भुलाते रहा करो,

चंद मोती हैं मुस्कान के, सजाते रहा करो,

कभी गले मिलो, कभी हाथ मिलाते रहा करो,

पूंजी है जीवन की यह, संबंध मधुर बनाते रहा करो,

कभी मिलो, तो भेंट छोटी सी देते रहा करो,

विरासत है बुजुर्ग, आशीर्वाद उन से लेते रहा करो,

61.

सम्मान

मैं जिस-जिस की जिंदगी से जुड़ा,

सब के प्रति मेरे हृदय में सम्मान हो,

मुझ से मेरे भारत देश की पहचान हो,

झुक जाए नजरें, जिसके प्रति सम्मान हो,

हम बच्चे माता-पिता की जान हैं,

सर ना झुके किसी का, कर्म में ईमान हो,

माता-पिता, गुरु, नारी के प्रति सम्मान हो,

विदेश में भी रह के मन में हिंदुस्तान हो,

उस राह पर चलो, जो मुश्किलों की जान हो,

गुजरो ऐसे, कि जैसे, कदमों के निशान बना लो,

संघर्ष करो, बढ़े चलो, चेहरे पर मुस्कान हो,

कठिन राह पर चलो इतना, कि वह भी आसान हो,

62.

अच्छी संगत

मेरे आगे वाले राह दिखाते हैं,

मेरे पीछे वाले लीडर बनाते हैं,

मेरे दाएं-बाएं वाले लोग,

सब अच्छी संगत में ले जाते हैं,

संगत उन लोगों की जहां में.

जिनके बीच आराम से नहीं रह पाते हैं.

ऐसे लोगों की जगह और रब की संगत,

सब अच्छी संगत में ले जाते हैं,

अनजान बन के जीना हर निशा,

नादान बन के रहना हर दिशा,

विकास ज्ञान, मस्तिष्क में कर जाते हैं,

सब अच्छी संगत में ले जाते हैं

63.

कोई भी कार्य अभूतपूर्व अवसर की तरह करें

मैं अनजान हूं, मैं नादान हूं,

ज्ञान की प्यासी एक चट्टान हूं,

छोटा बच्चा जिज्ञासाओं की खान हूं,

मैं भोला-भाला इंसान हूं,

एक अवसर आने का है,

एक अवसर जाने का है,

काम करूं कोई अभूतपूर्व तरह से

फिर यही अवसर, मेरे बन जाने का है,

आश्चर्य, विषमय के भाव जगाता,

नित्य नूतन कार्य की पहचान हूँ,

ना थकु कभी, ना रुकु कभी, पथ में,

अभूतपूर्व करूं कार्य, मैं उसकी जान हूं,

64

मेरे कृतज्ञ भाव

जीवन में नींद से जाग,

आभामंडल का बड़े प्रभाव,

जीवन यूं ना नष्ट कर,

प्रकृति, परिवार देख जगा कृतज्ञ भाव,

हवा, पानी, आकाश, धरती,

वृक्ष, पशु, पक्षी, फल, फूल के प्रभाव,

अग्नि, जाड़ा, वर्षा, गर्मी, धूप,

पर्वत, पहाड़, जागे सबके प्रति कृतज्ञ भाव,

माता-पिता, भाई-बहन, पत्नी,

दोस्त, गुरु, पड़ोसियों का प्रभाव,

कलम, अस्त्र-शस्त्र, ज्ञान,

स्वस्थ तन-मन पाकर जागे कृतज्ञ भाव,

65.

फूल की तरह खिले

शरीर सो रहा है, आत्माएं कहां सोती हैं,

रोज रात में मरता है इंसान, आत्मा कहां रोती हैं,

शरीर और आत्मा, क्या प्रातःकाल जगाती है,

क्यों जिंदगी फूल की तरह नहीं खिलती है,

अच्छी संगत में रहे, गुणों की खुशबू बिखेरे,

पुष्प की तरह चढ़े, बिखरे पूरे, फिर ठहरे,

राम प्रभु चरणों में गिर के मुक्ति मिल जाती है,

शहीदों की राह चलकर, वीरो-सी शक्ति मिल जाती है,

फिर क्या काम प्रेयसी के गेसू में मोंगरा बन के,

रात भर की जिंदगी, सुहाग सेज पर गुलाब बन के,

सूरज मुखी सा खिलु, सूरज संग जिंदगी चलती है,

अनमोल है मुस्कान, खिल-खिलाते फूल सी खीलती है,

66.

पीड़ा

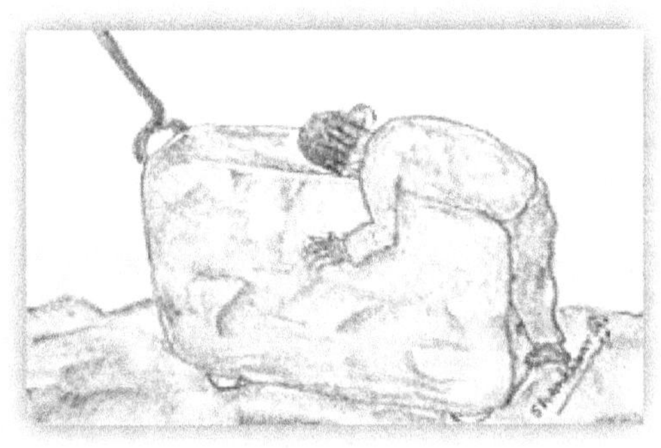

मन एक पावन तट है,

गुणों का जमघट है,

अबगुणी कहां समझ पाए,

पराई पीड़ा कहाँ देख पाए,

पवित्र जो गंगा घाट का तट है,

पाप वहां धोने जाये, झटपट हैं,

जो मन अपना, ना यहाँ धो पाए,

फिर कैसे हरि के जन पार पाए,

पीर पराई अपनी जो जानिए,

अपनी पीर, मन तट पर मिट जाये,

करुणा रखें जो तन में, मन में,

अंजान निशा में वो भवसागर पाये,

67.

आभार

तुमसे जो मिला करे, उसका आभार,

तुम्हें जिसने जो दिया, उसका आभार,

जो है लिया, उसका भी करो आभार,

क्षणिक जीवन, क्या पता ना ले मानवाकार,

शांति, सत्य, अहिंसा,क्षमा और शिष्टाचार,

प्रेम, करुणा, संतोष और सदाचार,

लुप्त हैं मन में, लाओ उन्हें बाहर,

क्षणिक जीवन, क्या पता ना ले मानवाकार,

माता-पिता, भाई-बहन, मित्र, गुरु को आभार,

अन्न, जल, अग्नि, वर्षा, सूरज, धरती को आभार,

इनके होने से, स्थिर अस्तित्व हैं, शरीर का आधार,

क्षणिक जीवन, क्या पता ना ले मानवाकार,

68.

हर क्षण को ध्यान से जिओ

जल-सा, सांसो का रसास्वादन करो,

महसूस करो हर क्षण को, ध्यान से जियो,

प्रकृति से एकाकार होकर सदा रहो,

पुष्प, बीज, जीव-जंतु की सांसो को जियो,

विषम में भी सम रहो, समानांतर रहो,

वह तुम हो जाओ, जब तक, तुम-तुम ना रहो,

आदि के अंतिम छोर पर पहुंचकर रहो,

ध्यान से मन को, शरीर से आत्मा को मुक्त करो,

अस्तित्व पंचतत्व वाला मिट जाने दो,

शरीर और आत्मा को भी एक सीमा पर मिट जाने दो,

उसके आगे आदि है, शून्यता में गुणांक जाने दो,

अंजान निशा में, G1 -G2 की दिशा में खुद को जाने दो,

69.

नम्र वाणी

अन्जान निशा में वक्त बदल गया,

आकार, व्यवहार, विचार बदल गया,

वक्त का तकाजा है अब हम उम्र बनो,

हो सके झुककर रहो, और थोड़ा नम्र बनो,

नम्र वाणी उम्र की दूरियां मिटा देगी,

विचारों की धारा में, कई घाटिया भर जाएंगी,

हड़बड़ाहट, घबराहट, मिटाओ सब्र करो,

हो सके झुककर रहो, और थोड़ा नम्र बनो,

छोटी उम्र है, नन्हे कदम है, संभल कर चलो,

उम्र के किसी भी पड़ाव पर, खुद को बदल कर चलो,

तुम्हारे पदों पर चले दुनिया, कुछ ऐसे कर्म करो,

हो सके झुककर रहो, और थोड़ा नम्र बनो,

70.

संस्कार

संस्कार गृह से उगता,

मां, बाप, भाई, बहन, रिश्तो में पनपता,

समान शिक्षा, समान खानपान,

के साथ, सब के संग संस्कार चलता,

कोई डॉक्टर, कोई इंजीनियर,

कोई बेरोजगारी में दिन काटता,

सब की शादियां हो गई,

बेरोजगार भी ईमानदारी से काम करता,

वक्त आया, बटवारा लाया,

दोनों भाइयों ने बहन को भुलाया, खुद ज्यादा पाया,

बेरोजगार वाले ने अपना हिस्सा बहन को दिया,

संस्कार मिले मां-बाप से उन्हें अपना लिया,

बेरोजगार की पत्नी खुश, मां को पाकर जिन्होंने पाला,

पिता जैसा पति मेरा, ख्याल रखने वाला,

बहन रोई, पिता-भाई का रिश्ता नहीं परायों वाला,

कृतज्ञ हूँ, माता-पिता की कोख के 9 माह और पहला निवाला,

71.

नि:स्वार्थ

मैंने दस वर्ष की अवस्था में जाना,

उम्र भर तक निःस्वार्थी हो जाना,

उम्र के हर पड़ाव पर हैं लुट जाना,

धन, मुस्कान, निस्वार्थ हो लुटाना,

पिता से सीखास्वार्थी हो जाना,

हर जरूरत की चीज लाकर देना,

माता से सीखा निःस्वार्थी हो जाना,

ममता और स्नेह अपना लुटाना,

गुरु से सीखा ज्ञान निःस्वार्थ देना,

मित्रों से सीखा व्यवहारिक होकर रहना,

निःस्वार्थ प्रेम में सब कुछ त्याग देना,

अन्जान निशा तक मुझे निःस्वार्थी रहना,

72.

जगाने की क्षमता

रात्रि तक जागा है जो,

प्रातः की भोर को खोया है,

पहली किरणों ने ली अंगड़ाई,

और वह अभी तक सोया है,

दूसरे का नुकसान कर,

जिसने महल अपना बनाया है,

दुःख-दर्द दूसरों को देकर,

जागा हुआ भी अभी तक सोया है,

जो जागा है वर्तमान से,

जिसने प्रकृति का परम सत्य पाया है,

बौद्ध उसका जागा है,

उसने जगाया सबको, जो अभी तक सोया है,

73.

क्षमा

जिस किसी का दिल दुखाया मैंने,

शब्द बाण से जिसे रुलाया मैंने,

उनसे पुनर्मिलन करने वाली आकृती हूं,

क्षमा करना मुझको, मैं क्षमा प्रार्थी हूं,

जिस किसी को भी असत्य कड़वा बोला मैंने,

भूल बस क्षणिक सुख के लिए सताया मैंने,

उन सब के कदमों में पड़ा, आभार प्रति हूं,

क्षमा करना मुझको, मैं क्षमा प्रार्थी हूं,

छोटा हूं, नादान हूं, गलती से भी उठाया हाथ मैंने,

गुस्से में तोड़ा रिश्ता, सही से ना निभाया साथ मैंने,

उन सबसे निवेदन मेरा, में भी एक त्रुटि हूं,

क्षमा करना मुझको, मैं क्षमा प्रार्थी हूं,

74

शिष्टाचार

मैं बालक हूं, नव यौवन की दहलीज की पुकार का,

मैं क्या जानु रस, बदला, स्वार्थ, रोष अहंकार का,

तलब दार रहा हूं, माता-पिता के स्नेह का, प्यार का,

गुरु का ज्ञान पाया मैंने, सीखा पाठ शिष्टाचार का,

मैं दूंगा परिचय, सभ्य आचरण, अच्छे व्यवहार का,

बड़ों का सम्मान करूंगा, ध्यान रखूँगा अतिथि सत्कार का,

पल-पल छोटो से प्रेम करूंगा, बताऊंगा अर्थ प्यार का,

प्रकृति से पाया ज्ञान मैंने, सीखा पाठ शिष्टाचार का,

पशु-पक्षियों के प्रति दयालु बनूंगा, उनकी पुकार का,

विकास ही विकास करूंगा, कर सेवन विवेक आहार का,

निष्ठा से चलकर चरित्र बनेगा, रास्ता है अच्छे व्यवहार का,

अनुभव से पाया ज्ञान मैंने, सीखा पाठ शिष्टाचार का,

75.

संतुष्ट/संतोष

भूख का अंत नहीं,

चाहत भी अनंत है,

कैसे चैन मिले उसको,

जिसकी अभिलाषा अनंत है,

ठहरे पल-पल की सांस में,

एक जिंदगी का सफर दुखांत है,

संतोष करना सीख ले जब से,

तब से सुंदर, कोमल सुखांत है,

बहुत की जगह थोड़े में,

जो संतोष /संतुष्ट हो जाते हैं, वे संत हैं,

यही जीवन का मूल मंत्र है,

परमानंद में विलीनता का आदि अंत है,

76.

पिता

पिता हमारे वक्त से,

आगे चलने वाला वक्त है,

पिता अंदर से कोमल भावुक,

बाहर से चट्टानों-सा सख्त है,

पिता अन्न हैं, मकान हैं, एक दुकान हैं,

पिता आसरा है, सहारा है, एक छत है,

हां ! पिता धूप में रोटी के लिए बहाता पसीना,

वह परदेश में, उसकी यादें, पिता ही खत है,

नमन हैं पिता को, परवरिश के लिए,

उन कदमों की और गोदी की तपिश के लिए,

हम उसके आगे कुछ भी नहीं यही सत्य है,

उसके दिए जिस्म में भी, दौड़ता उसी का रक्त है,

पिता बिछौना भी है, चादर भी है,

पिता, दाल है, रोटी है, पहनने वाला वस्त्र है,

जो हमारी अबतक की पढ़ाई है, वही उसकी कमाई है,

हम ही उसके बुढ़ापे का सहारा सर्वत्र है,

77.

अनमोल बचपन

अंजान, निर्बल, जब लड़की कोख में हो,

तो गर्भपात से एक बचपन मरता है,

बचपन से जवानी में, कदम रखते ही,

फिर एक नटखट, बचपन मरता है,

जीवन के संघर्ष में, भूख की जुगत में,

बाल मजदूरी करता, बचपन मरता है,

नादान चार-पांच साल की लड़की और जगह सुनसान,

एक हवसी जब मिलता है, अनमोल बचपन मरता है,

अपनों से दूर, बच्चा-चोर गिरोह उसे उठाता है,

चोरी, भीख सा कृत्य कर, अनमोल बचपन मरता है,

नन्हा नटखट बचपन, जब पूर्ण जीना नहीं जानता है,

अनजान के हाथों में पड़ कर अनमोल बचपन मरता है,

दुनिया के विकास से, बचपन के हाथों में मोबाइल आना,

सोशल मीडिया और सर्च इंजन ने गंदगी का जहर ज्यों उगला,

पढ़ने की उम्र में, पढ़ाई को एक तरफ रख कर,

एक बचपन, जो अनमोल था, वह अनमोल बचपन मरता है,

वह चकाचौंध में, अदब तहजीव भूल गया,

क्रोध, कुंठा, कष्ट, कपाल में ग्रहण कर गया,

मोबाइल गेम की लत, चलाते वक्त-बेवक्त में,

हंसमुख बचपन, अनमोल बचपन मरता है,

आह! कितना सुंदर था, हमारा बचपन,

सुबह की सैर, दोपहरी के फेर, मैदानों में दौड़ते पैर,

गिल्ली-डंडा, चार-चिट्ठी, सौलह-गोटी, पोसम-पा,

कंचे से भरा रंगीन बचपन, वह अनमोल बचपन भी मरता है,

78

कड़ी

जीवन में कुछ सलवटें पड़ी है,

बचपन और जवानी के मध्य गड़ी हैं,

समस्याएं हैं सब की, एक सी खड़ी हैं,

जो बचपन और जवानी की मुख्य कड़ी है,

बचपन देखा मासूम, अल्हड़, नादान,

हृदय को जीत लेती है, नन्ही सी मुस्कान,

नटखट चुलबुलेपन पर होती कुर्बान,

मैया, लेने को बलैया, पल-पल खड़ी है,

जंग देखी, तूफान देखा, जवानी की भोर में,

बचपन भूला, दोस्ती के गर्म खून के शोर में,

कोमल हृदय में, प्रेम की प्यास बड़ी है,

अगले चैप्टर में आने वाली वह घड़ी है,

पर माँ है महान, इस पर भी सीख दे पड़ी है,

करना सम्मान उस लड़की का, जो दिल में चढ़ी है,

ना करना गलत, रखना ना सोच जो सड़ी है,

बचपन की यह किताब अगली जवानी की, के मध्य कड़ी है,

समीक्षा

1. इस पुस्तक में प्रकृति की आदि में पहले शून्य में प्रारम्भ होने की व्याख्या कविता के रूप में की गई हैं। यह एक बालक गजेन्द्र द्वारा प्रकृति को अपने बचपन के माध्यम से बता रहा है। उस पुस्तक में बचपन से संबंधित विभिन्न कविताओं को संजोया गया है! विशेष रूप से शून्य, गणेश वंदना, और पिता पुस्तक में चार चाँद लगाती है। बचपन में जीवन को नैतिक मूल्यों और विभिन्न आदर्शों से सजाना चाहिए। यहीं इस पुस्तक का उद्देश्य हैं।

समीक्षक:-गजेंद्र शंखवार (अंजान-निशा)

2."गजेंद्र जी की कविताओं में काफी मौलिकता हैं। "........ समीक्षक: डॉ. आर. पी. अनुरागी (कवि)

पुस्तक का नाम:

स्मार्ट फिजिक्सिया   चेप्टर - 0: प्रकृति, मैं और शून्य

चेप्टर-1· प्रकृति, मैं और अनमोल बचपन

सम्पादक -

प्रकाशक: ब्लुरोज प्रकाशक, नोयडा

कीमत - ₹360/

पृष्ठ : 252

मध्य भारतीय हिन्दी साहित्य सभा, ग्वालियर

(अखिल भारतीय साहित्य परिषद से संबद्ध)

वसंत पंचमी/निराला जयंती युवा साहित्य सृजक सम्मान

२०१९

प्रमाण-पत्र

प्रमाणित किया जाता है कि श्री......... अंजीन निशा ....

ने मध्य भारतीय हिन्दी साहित्य सभा, ग्वालियर द्वारा आयोजित 'निराला जयंती युवा साहित्य सृजक सम्मान' कार्यक्रम में युवा साहित्य सृजक के रूप में सहभागिता की।

सभा आपकी साहित्यिक सक्रियता एवं आपके दीर्घायु होने के निमित्त मंगल कामना करती है।

दिनांक १० फरवरी २०१९

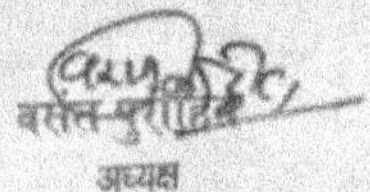

अध्यक्ष

अविनाश साहू

मंत्री